山东古国系列展

●

山东博物馆
枣庄市博物馆 编

大君有命 開國承家

小邾国历史文化展

北京时代华文书局

图书在版编目（CIP）数据

大君有命　开国承家：小邾国历史文化/山东博物馆，
枣庄市博物馆编. -- 北京：北京时代华文书局，
2018.12
　　ISBN 978-7-5699-2783-2

Ⅰ.①大… Ⅱ.①山… ②枣… Ⅲ.①古国—文化史
—山东 Ⅳ.①K295.2

中国版本图书馆CIP数据核字(2018)第266303号

责任编辑

徐敏峰　周海燕

书籍设计

田之友

大君有命　开国承家

小邾国历史文化展

主　　编：杨　波

出 版 人：王训海

出版发行：北京时代华文书局（http://www.bjsdsj.com）

地址：北京市东城区安定门外大街138号皇城国际A座8层

邮编：100011

发行部：010－64267120　010－64267397

印制：北京雅昌艺术印刷有限公司

开本：889×1194　1/16　印张：9　印数：1200册

版次：2018年12月第1版　2018年12月第1次印刷

书号：ISBN 978-7-5699-2783-2

定价：490.00元

前言

目录

第三单元

古国探秘

前言

小邾（郳）国是西周晚期至战国时期地处齐、鲁、宋、楚等大国之间的一个诸侯国，它是从邾国分化出来的，与邾国同源同系。由于小邾国国小势微，文献典籍记载简略，关于小邾国的历史文化我们知之甚少。然而，随着枣庄东江遗址小邾国贵族墓地的发掘与研究，终于让我们能拂去历史的尘埃，让小邾国的历史文化面貌逐渐清晰地呈现在我们面前。

往事越千年，传承永不变。承载着传统文化精髓的一件件文物，需要我们带着一颗敬畏之心细细品读，请放慢脚步开始一段春秋古国探秘之旅吧！

沉睡千年渐迷离，一朝惊梦天下知。2002年初夏，枣庄市东江村一处墓葬遗址的发掘，让这个十字河畔籍籍无名的小村庄进入了大众的视野，随着一件件珍贵文物的发掘出土，那个在史书上仅有寥寥几笔的小邾国正一层层揭开它的神秘面纱。几层黄土，转眼千年，江山已改。

第一单元

东江惊梦

一、邾分三国

邾国是子爵国，是周代著名的东方古国之一，其故城在今邹城市东南 12.5 公里，邹城市峄山镇纪王城村周围。邾武公夷父颜之时，因有功于周，周王室封其子友父（名肥）于郳，史称小邾。周宣王时，夷父颜因故被诛，宣王命夷父颜的同母弟叔术代理邾国君位。公元前 782 年，叔术让国于夷父颜之子夏父，自己移居于滥（今山东滕州东南），建立滥国。至此邾国分立为邾国、小邾国和滥国，这便是史学界所说的"邾分三国"。

蝉纹铜罍

周
高 21.5、口径 15.3 厘米
邹县出土
山东博物馆藏

————

小口外卷，束颈，斜肩，
腹下斜收。肩上有两个螺
角兽卷曲而成的环耳。器
身最大径在肩腹相接处。
肩饰卷体夔纹，腹饰三角
垂叶纹。

夔纹铜盆

周
高 17.5、口径 25.5 厘米
邹县出土
山东博物馆藏

————

折沿，有一短流，腹侧有
两环耳。口沿下饰窃曲
纹，腹中部饰夔纹，腹下
部饰垂鳞纹。

大君有命　开国承家　　小邾国历史文化展

波曲纹铜鼎

周
通高 30.3、口径 30.4 厘米
邹县灰城子村出土
山东博物馆藏

———

立耳、蹄足、深腹。腹饰
波曲纹。

波曲纹铜罍

周
高 22.3、口径 13.3 厘米
滕州安上村出土
山东博物馆藏

————

小口，束颈，鼓腹，肩上
有两兽耳。肩及腹部饰波
曲纹。

蝉纹铜罍

周
高 25.1、口径 16.2 厘米
滕州安上村出土
山东博物馆藏

————————

撇口，束颈，折肩，下腹
斜收，喇叭形圈足。肩两
侧有折环耳。肩饰窃曲纹，
腹饰垂叶纹。

二、解密小邾

春秋战国时期，列国林立，然而除个别大国典籍记载翔实外，其他小国多为零星记载甚或并不见于文献典籍，这给先秦各国历史文化的研究带来了极大的困难。之前学界对小邾国的研究也因此并不成熟。幸运的是，2002 年东江小邾国墓地的发掘，出土了 200 余件文物，特别是 24 件有铭文铜器，内容涉及诸多国族、官名、人名、姓氏等，为我们研究小邾国的历史文化提供了非常珍贵的考古资料。

邾友父鬲

春秋
口径 16、高 11.5 厘米
2002 年枣庄市山亭区东江遗址 M1 出土
枣庄市博物馆藏

————

敛口，宽折沿微内倾，方
唇，短束颈，浅鼓腹，平
裆，矮蹄足。腹部与足相
对处各有一扉棱，棱均出
两牙。腹部以扉棱为界饰
三组两两身躯相对的卷体
夔纹。沿面逆时针方向铸
"邾友父媵其子胙曹宝鬲
其眉寿永宝用"铭文。

邾友父鬲

春秋
口径 16、高 11.2 厘米
2002 年枣庄市山亭区东江遗址 M1 出土
枣庄市博物馆藏

敛口，宽折沿微内倾，方唇，短束颈，浅鼓腹，平裆，矮蹄足。腹部与足相对处各有一扉棱，棱均出两牙。腹部以扉棱为界饰三组两两身躯相对的卷体夔纹。沿面逆时针方向铸"邾友父媵其子胙曹宝鬲其眉寿永宝用"铭文。

大君有命　开国承家　　小邾国历史文化展

郳友父鬲

春秋
口径 16、高 11.2 厘米
2002 年枣庄市山亭区东江遗址 M1 出土
枣庄市博物馆藏

敛口，宽折沿微内倾，方唇，短束颈，浅鼓腹，平裆，矮蹄足。腹部与足相对处各有一扉棱，棱均出两牙。腹部以扉棱为界饰三组两两身躯相对的卷体夔纹。沿面逆时针方向铸"郳友父媵其子胙曹宝鬲其眉寿永宝用"铭文。

邾友父鬲

春秋
口径 16、高 11.2 厘米
2002 年枣庄市山亭区东江遗址 M1 出土
枣庄市博物馆藏

———————

敛口，宽折沿微内倾，方唇，短束颈，浅鼓腹，平裆，
矮蹄足。腹部与足相对处各有一扉棱，棱均出两牙。
腹部以扉棱为界饰三组两两身躯相对的卷体夔纹。
沿面逆时针方向铸"邾友父媵其子胙曹宝鬲其眉寿
永宝用"铭文。

大君有命　开国承家　　小邾国历史文化展

折戟沉沙铁未销，自将磨洗认前朝。拂去青铜器上的尘土，黏合起陶器的碎片，烁烁金文书写的是小邾国的"阳春白雪"，联姻与合作，国之大事，遥不可及；朴素陶罐盛满了小邾国的柴米油盐，人之常情，生动亲切。

小邾遗珍

一、小国之道

春秋战国之时，周王室衰微，礼崩乐坏，各大诸侯国彼此征战称霸，而夹杂在其中的诸多弱小诸侯国，为求自保，一方面参加大国组织的会盟，依附大国以求庇护，另一方面联合与本国实力相当的小国，和平共处，互助合作。作为夹杂在众多大小诸侯国之中的小邾国，其生存之道也是饱含政治智慧，对于不同类型的国家，小邾国采取了不同的外交政策。

鲁酉子、正叔铜簠

春秋

口长 29、宽 24、圈足长 17、宽 14.5、通高 16.5 厘米

2002 年枣庄市山亭区东江遗址 M2 出土

枣庄市博物馆藏

————————

盖、器形制相近，两者扣合。长方形，敞口，方唇，平折沿，斜壁，下附长方形圈足。圈足中央有梯形缺口，短边壁中部两侧有半环形兽首耳，沿四周的中部各铸有一兽首形钮。盖顶饰交连纹，斜壁饰夔纹，口沿下及圈足饰卷云纹，盖顶内铸竖款"鲁酉子安母肇作簠其眉寿万年子子孙孙永宝用"铭文。器内底铸竖款"正叔止士䅭俞作旅簠子子孙孙永宝用"铭文。盖、器不同铭，系配合而成。

盖铭

器铭

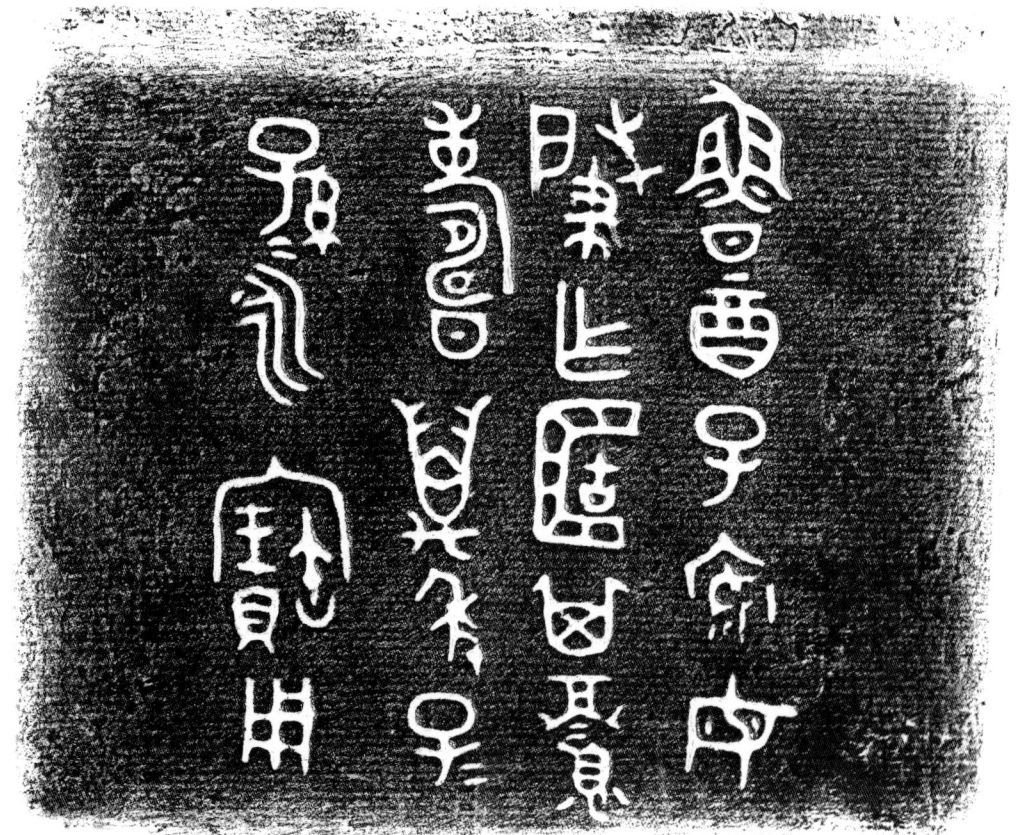

大君有命　开国承家　　小邾国历史文化展

鲁酉子、鲁宰虢铜盙

春秋

口长 29、宽 24、圈足长 16.6、宽 13.5、通高 16.3 厘米

2002 年枣庄市山亭区东江遗址 M2 出土

枣庄市博物馆藏

盖、器形制相近，两者扣合。长方形，敛口，方唇，平折沿，斜壁，下附长方形圈足。圈足中央有梯形缺口，短边壁中部两侧有半环形兽首耳，沿四周的中部各铸有一兽首形钮。盖顶饰交连纹，斜壁饰夔纹，口沿下及圈足饰卷云纹。盖顶内铸竖款"鲁酉子安母肇作盙其眉寿万年子子孙孙永宝用"铭文。器内底铸竖款"鲁宰虢作旅盙其万年永宝用"。盖、身不同铭，系配合而成。

大君有命　开国承家　　小邾国历史文化展

毕仲弁铜簠

春秋
口长 29.8、宽 24、圈足长 16.2、宽 13.4、通高 16 厘米
2002 年枣庄市山亭区东江遗址 M2 出土
枣庄市博物馆藏

盖、器形制相近，两者扣合。长方形，敞口，方唇，平折沿，斜壁，下附长方形圈足。圈足中央有梯形缺口，短边壁中部两侧有半环形兽首耳，沿四周的中部各铸有一兽首形钮。盖顶饰交连纹，斜壁饰夔纹，口沿下及圈足饰卷云纹。盖顶内、器内底铸竖款相同铭文："毕仲弁作为其北善簠其万年眉寿子子孙孙永宝用之"。

子皇母铜簠

春秋
口长 29.8、宽 24、圈足长 16.2、宽 13.4、通高 16 厘米
2002 年枣庄市山亭区东江遗址 M2 出土
枣庄市博物馆藏

───────

盖、器形制相近，两者扣合。长方
形，敞口，方唇，平折沿，斜壁，
下附长方形圈足。圈足中央有梯形
缺口，短边壁中部两侧有半环形兽
首耳，沿四周的中部各铸有一兽首
形钮。盖顶饰交连纹，斜壁饰夔纹，
口沿下及圈足饰卷云纹。盖顶内、
器内底铸相同铭文："子皇母作馐
簠其万年眉寿永宝用之"。

昆君妇媿霝铜壶

春秋
口径 17.5、腹径 30.1、圈足径 25.5、高 45.5 厘米
2002 年枣庄市山亭区东江遗址 M3 出土
枣庄市博物馆藏

圆形，侈口，平沿，长束颈，圆腹下垂，平底，圈足。颈饰垂鳞纹，腹饰瓦纹，中部饰简化蝉纹，圈足饰垂鳞纹。颈内铸"昆君妇媿霝作旅壶其年万（万年）子子孙孙永用"铭文。

昆君妇媿霝铜壶

春秋
口径 17.4、腹径 30.1、圈足径 25.3、高 46 厘米
2002 年枣庄市山亭区东江遗址 M3 出土
枣庄市博物馆藏

———————

圆形，侈口，平沿，长束颈，
圆腹下垂，平底，圈足。
颈饰垂鳞纹，腹饰瓦纹，
中部饰简化蝉纹，圈足饰
垂鳞纹。颈内铸"昆君妇
媿霝作旅壶其年万（万年）
子子孙孙永用"铭文。

大君有命　开国承家　　　小邾国历史文化展

金父瓶

春秋
口径 14.2、腹径 20.4、通高 26.4 厘米
2002 年枣庄市山亭区东江遗址 M1 出土
枣庄市博物馆藏

————————

盖器合成一体，呈鸟卵形，
盖顶有一圆饼形立钮，子
母口，盖器有相称的双贯
耳，可以穿系，素面。盖、
器对铭"霝父君金父作其
金瓶眉寿无疆子子孙孙永
宝用之"。铜器自名为瓶
系首次发现。

二、小国之礼

小邾国墓地的时代是西周晚期至春秋早期，这一时期正是礼崩乐坏、礼仪制度开始衰退的时期，同时小邾国地处鲁南地区，是东夷文化与华夏文化、楚文化的交汇区，所以小邾国墓地出土的青铜礼器组合，以及出土青铜器铭文所记述的媵嫁礼仪、册命礼仪等，为研究春秋早期诸侯国的礼仪制度提供了新的资料。

平盖铜鼎

春秋

口径 31.6、腹径 33.6、通高 36.6 厘米

2002 年枣庄市山亭区东江遗址 M2 出土

枣庄市博物馆藏

平盖，口微敛，窄斜沿，方唇，双立耳，直领，浅鼓腹，圜底，三蹄足瘦高，内侧有一道纵向凹槽。耳外部饰三重凹弦纹，口沿下饰一周窃曲纹，间饰扉棱，足上部饰兽面纹。底部有三角形范线。

平盖铜鼎

春秋
口径 31、腹径 32.7、通高 36.3 厘米
2002 年枣庄市山亭区东江遗址 M2 出土
枣庄市博物馆藏

平盖，口微敛，窄斜沿，方唇，双立耳，直领，浅
鼓腹，圜底，三蹄足瘦高，内侧有一道纵向凹槽。
耳外部饰三重凹弦纹，口沿下饰一周窃曲纹，间饰
扉棱，足上部饰兽面纹。底部有三角形范线。

大君有命　开国承家　　小邾国历史文化展

平盖铜鼎

春秋
口径 31、腹径 33.5、通高 36.5 厘米
2002 年枣庄市山亭区东江遗址 M2 出土
枣庄市博物馆藏

平盖，口微敛，窄斜沿，方唇，双立耳，直领，浅鼓腹，圜底，三蹄足瘦高，内侧有一道纵向凹槽。耳外部饰三重凹弦纹，口沿下饰一周窃曲纹，间饰扉棱，足上部饰兽面纹。底部有三角形范线。

平盖铜鼎

春秋

口径 31、腹径 33、通高 36.2 厘米

2002 年枣庄市山亭区东江遗址 M2 出土

枣庄市博物馆藏

平盖，口微敛，窄斜沿，方唇，双立耳，直领，浅鼓腹，圜底，三蹄足瘦高，内侧有一道纵向凹槽。耳外部饰三重梯形纹，口沿下饰一周窃曲纹，间饰扉棱，足上部饰兽面纹。底部有三角形范线。

大君有命　开国承家　小邾国历史文化展

兒（郳）庆铜鬲

春秋
口径 18.9、腹径 17.5、高 15.5 厘米
2002 年枣庄市山亭区东江遗址 M2 出土
枣庄市博物馆藏

———————

敛口，宽平沿微内斜，方
唇，短束颈，浅鼓腹，平
裆，三蹄足较高，下端
肥大，内侧有一道竖向
凹槽。腹部与足相对处
各有一扉棱，棱部均出三
牙。腹部以扉棱为界饰三
组两两身躯相对的卷体夔
纹。沿面顺时针方向铸
"兒（郳）庆作秦妊羞鬲
其永宝用"铭文。

兒（郳）庆铜鬲

春秋

口径 18.7、腹径 17.1、高 16 厘米

2002 年枣庄市山亭区东江遗址 M2 出土

枣庄市博物馆藏

敛口，宽平沿微内斜，方唇，短束颈，浅鼓腹，平裆，三蹄足较高，下端肥大，内侧有一道竖向凹槽。腹部与足相对处各有一扉棱，棱部均出三牙。腹部以扉棱为界饰三组两两身躯相对的卷体夔纹。沿面顺时针方向铸"兒（郳）庆作秦妊羞鬲其永宝用"铭文。

大君有命　开国承家　　小邾国历史文化展

兒（郳）庆铜鬲

春秋
口径 19.2、腹径 17.2、高 15.2 厘米
2002 年枣庄市山亭区东江遗址 M2 出土
枣庄市博物馆藏

敛口，宽平沿微内斜，方唇，短束颈，浅鼓腹，平裆，三蹄足较高，下端肥大，内侧有一道竖向凹槽。腹部与足相对处各有一扉棱，棱部均出三牙。腹部以扉棱为界饰三组两两身躯相对的卷体夔纹。沿面顺时针方向铸"兒（郳）庆作秦妊羞鬲其永宝用"铭文。

兒（郳）庆铜鬲

春秋
口径 19、腹径 17、高 15.5 厘米
2002 年枣庄市山亭区东江遗址 M2 出土
枣庄市博物馆藏

敛口，宽平沿微内斜，方唇，短束颈，浅鼓腹，平裆，三蹄足较高，下端肥大，内侧有一道竖向凹槽。腹部与足相对处各有一扉棱，棱部均出三牙。腹部以扉棱为界饰三组两两身躯相对的卷体夔纹。沿面顺时针方向铸"兒（郳）庆作秦妊羞鬲其永宝用"铭文。

大君有命　开国承家　　小郳国历史文化展

郳君庆壶

春秋
盖顶径 14.6、器口径 15.1、腹径 25.5、圈
足径 20.7、通高 47.2 厘米
2002 年枣庄市山亭区东江遗址 M2 出土
枣庄市博物馆藏

圆形，有盖，盖顶有喇叭形捉手，深子口。器侈口，平沿，尖唇，长束颈，垂腹，平底，圈足，切地处下折成矮阶。颈部两侧附兽首衔环耳，兽方形卷耳象鼻，扁圆形环。盖顶面饰"S"形双首夔龙纹，捉手外饰一周仰莲瓣纹，盖面饰窃曲纹，器颈饰波带纹及横向"S"形纹，耳环饰重环纹，腹部饰三周宽弦纹及两周波带纹，足部饰一周垂莲瓣纹。盖深子口处、器颈内铸有"郳君庆作秦妊礼壶其万年眉寿永宝用"铭文。

盖铭

器铭

大君有命　开国承家　　小邾国历史文化展

邾君庆壶

春秋

盖顶径 14.7、器口径 14.8、腹径 25.5、圈足径 20.9、通高 46.9 厘米

2002 年枣庄市山亭区东江遗址 M2 出土

枣庄市博物馆藏

圆形，有盖，盖顶有喇叭形捉手，深子口。器侈口，平沿，尖唇，长束颈，垂腹，平底，圈足，切地处下折成矮阶。颈部两侧附兽首衔环耳，兽方形卷耳象鼻，扁圆形环。盖顶面饰"S"形双首夔龙纹，捉手外饰一周仰莲瓣纹，盖面饰窃曲纹，器颈饰波带纹及横向"S"形纹，耳环饰重环纹，腹部饰三周宽弦纹及两周波带纹，足部饰一周垂莲瓣纹。盖深子口处，器颈内铸有"邾君庆作秦妊礼壶其万年眉寿永宝用"铭文。

铜盘

春秋
口径 40、腹深 7.8、圈足径 27.4、高 16 厘米
2002 年枣庄市山亭区东江遗址 M2 出土
枣庄市博物馆藏

———————

圆形，直口，平折沿，方
唇，浅鼓腹，附耳，底近
平，喇叭形圈足。腹及圈
足饰凤鸟纹，底下部饰菱
形纹。

铜匜

春秋
通长 35、宽 20.7、高 17.7 厘米
2002 年枣庄市山亭区东江遗址 M2 出土
枣庄市博物馆藏

———————

器呈瓢形，口微敛，平折
沿，方唇，浅鼓腹，圜底，
前有半筒形流，尾部有龙
形鋬，下附三蹄足。口沿
和流下饰窃曲纹，龙形鋬
饰鳞纹。

铜罍

春秋
口径 21.4、腹径 32、底径 14.6、高 42 厘米
2002 年枣庄市山亭区东江遗址 M2 出土
枣庄市博物馆藏

敞口，平沿，方唇，束颈，溜肩，鼓腹下收，平底。肩上部有一周突棱，附一对兽首衔环耳和六个凸起的圆涡纹，腹下部有兽首鋬。

大君有命　开国承家　小邾国历史文化展

铜罍

春秋
盖顶径 8.8、口径 16.8、器口径 14、腹径 27.7、
底径 13.7、通高 28.3 厘米
2002 年枣庄市山亭区东江遗址 M3 出土
枣庄市博物馆藏

————

覆碗形盖，器直口微侈，
方唇，颈微束，广肩，鼓
腹下内收，平底内凹。

铜罍

春秋
盖顶径 8.1、口径 16.4、器口径 14.8、腹径 27.5、
底径 13.9、通高 28.7 厘米
2002 年枣庄市山亭区东江遗址 M3 出土
枣庄市博物馆藏

————

覆碗形盖，器直口微侈，
方唇，颈微束，广肩，鼓
腹下内收，平底内凹。

兽目纹铜戈

春秋
通长 23.5、阑长 8.4、援长 15.6、援宽 2.8、
内长 7.9、内宽 2.4、厚 0.35 厘米
2002 年枣庄市山亭区东江遗址 M3 出土
枣庄市博物馆藏

　　　大君有命　开国承家　　　小邾国历史文化展

圭头形锋，援身斜直，有脊，短胡，有阑，长方形
内。阑侧四穿，援后部两面各饰一凸起兽目，上阑
两面各饰浮雕双人。

平盖铜鼎

春秋
口径 32.1、腹径 33.2、通高 36.7 厘米
2002 年枣庄市山亭区东江遗址 M3 出土
枣庄市博物馆藏

片状平盖，器口微敛，窄斜沿，方唇，双立耳，直领，浅鼓腹，圜底，三蹄足瘦高，内侧有一道纵向凹槽。耳外部饰三重凹弦纹，口沿下饰一周窃曲纹，间饰扉棱，足上部饰兽面纹。底部有三角形范线。

大君有命 开国承家 小邾国历史文化展

平盖铜鼎

春秋
口径 32.2、腹径 33.3、通高 36.8 厘米
2002 年枣庄市山亭区东江遗址 M3 出土
枣庄市博物馆藏

片状平盖，器口微敛，窄斜沿，方唇，双立耳，直领，浅鼓腹，圜底，三蹄足瘦高，内侧有一道纵向凹槽。耳外部饰三重凹弦纹，口沿下饰一周窃曲纹，间饰扉棱，足上部饰兽面纹。底部有三角形范线。

平盖铜鼎

春秋

口径 32.2、腹径 33.2、通高 36.9 厘米

2002 年枣庄市山亭区东江遗址 M3 出土

枣庄市博物馆藏

片状平盖，口微敛，窄斜沿，方唇，双立耳，直领，浅鼓腹，圜底，三蹄足瘦高，内侧有一道纵向凹槽。耳外部饰三重梯形纹，口沿下饰一周窃曲纹，间饰扉棱，足上部饰兽面纹。底部有三角形范线。

兒（郳）庆铜鬲

春秋
口径 19.6、腹径 17.4、高 15.5 厘米
2002 年枣庄市山亭区东江遗址 M3 出土
枣庄市博物馆藏

敛口，宽平沿微内斜，方唇，短束颈，浅鼓腹，平裆，三蹄足较高，下端肥大，内侧有一道竖向凹槽。腹部与足相对处各有一扉棱，棱部均出三牙。腹部以扉棱为界饰三组两两身躯相对的卷体夔纹。沿面顺时针方向铸"兒（郳）庆作秦妊羞鬲其永宝用"铭文。

兒（郳）庆铜鬲

春秋
口径 18.6、腹径 17.3、高 15.5 厘米
2002 年枣庄市山亭区东江遗址 M3 出土
枣庄市博物馆藏

敛口，宽平沿微内斜，方唇，短束颈，浅鼓腹，平裆，三蹄足较高，下端肥大，内侧有一道竖向凹槽。腹部与足相对处各有一扉棱，棱部均出三牙。腹部以扉棱为界饰三组两两身躯相对的卷体夔纹。沿面顺时针方向铸"兒（郳）庆作秦妊羞鬲其永宝用"铭文。

　　大君有命　开国承家　　小邾国历史文化展

铜舟

春秋
口长 26.3、宽 18.4、高 9.1 厘米
2002 年枣庄市山亭区东江遗址 M3 出土
枣庄市博物馆藏

————

椭圆形，口微侈，单耳，
耳下有一鼻，半圆形短流，
腹微鼓，圜底。

邾公子害铜簠

春秋
口长 29.8、宽 25.6、圈足长 18.5、宽 15.5、通高 16.8 厘米
2002 年枣庄市山亭区东江遗址 M3 出土
枣庄市博物馆藏

盖、器形制相近，两者扣合。长方形，敞口，方唇，平折沿，斜壁，下附长方形圈足。圈足中央有梯形缺口，短边壁中部两侧有半环形兽首耳，沿四周的中部各铸有一兽首形钮。斜壁饰夔纹，圈足饰卷云纹。盖、器同铭为"邾公子害自作簠其万年眉寿无疆子子孙孙永宝用"。

邾公子害铜簠

春秋
口长 29.5、宽 25.7、圈足长 18.5、宽 16.6、通高 17.3 厘米
2002 年枣庄市山亭区东江遗址 M3 出土
枣庄市博物馆藏

盖、器形制相近，两者扣合。长方形，敞口，方唇，平折沿，斜壁，下附长方形圈足。圈足中央有梯形缺口，短边壁中部两侧有半环形兽首耳，沿四周的中部各铸有一兽首形钮。斜壁饰夔纹，圈足饰卷云纹。盖器同铭为"邾公子害自作簠其万年眉寿无疆子子孙孙永宝用"。

　　大君有命　开国承家　　小邾国历史文化展

邾公子害铜簠

春秋
口长 29.6、宽 25.7、圈足长 18.6、宽 16.5、通高 17.4 厘米
2002 年枣庄市山亭区东江遗址 M3 出土
枣庄市博物馆藏

盖、器形制相近，两者扣合。长方形，敞口，方唇，平折沿，斜壁，下附长方形圈足。圈足中央有梯形缺口，短边壁中部两侧有半环形兽首耳，沿四周的中部各铸有一兽首形钮。斜壁饰夔纹，圈足饰卷云纹。盖器同铭为"邾公子害自作簠其万年眉寿无疆子子孙孙永宝用"。

邾公子害铜簠

春秋
口长 29.4、宽 25.3、圈足长 18.5、宽 16.5、通高 17.4 厘米
2002 年枣庄市山亭区东江遗址 M3 出土
枣庄市博物馆藏

盖、器形制相近，两者扣合。长方形，敞口，方唇，平折沿，斜壁，下附长方形圈足。圈足中央有梯形缺口，短边壁中部两侧有半环形兽首耳，沿四周的中部各铸有一兽首形钮。斜壁饰夔纹，圈足饰卷云纹。盖器同铭为"邾公子害自作簠其万年眉寿无疆子子孙孙永宝用"。

大君有命　开国承家　　小邾国历史文化展

兒（郳）庆铜匜鼎

春秋
口径 20.9、流长 3.5、高 18.6 厘米
2002 年枣庄市山亭区东江遗址 M3 出土
枣庄市博物馆藏

————

敞口，平折沿，半圆形短流，
双立耳，鼓腹，圜底，三蹄
形足，内侧有一竖凹槽。沿
下饰夔纹，腹饰卷龙纹。器
内底铸"兒（郳）庆作秦妊
匜鼎其永宝用"铭文。

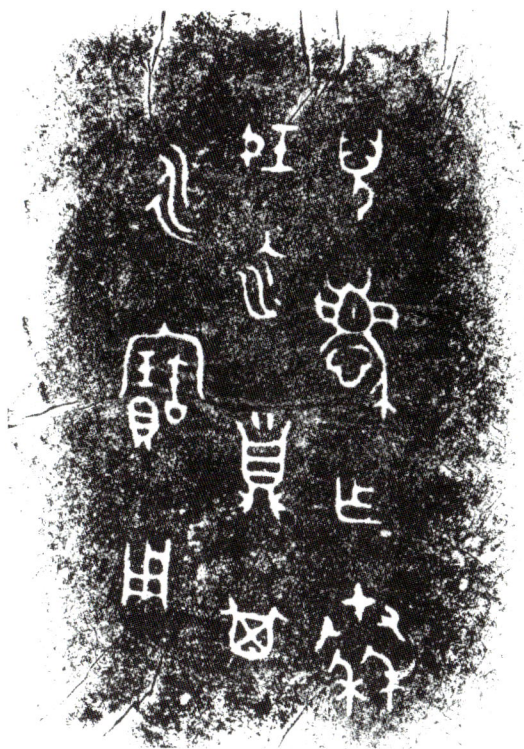

铜盘

春秋
口径 43.3、腹径 40.8、腹深 7.2、足径 32.6、通高 18.8 厘米
2002 年枣庄市山亭区东江遗址 M3 出土
枣庄市博物馆藏

口微敛，斜折沿，浅腹，
平底，喇叭形圈足。口沿
及腹饰一对卷尾龙形耳，
圈足下附三裸人足，裸人
微蹲，刻画出五官、双乳、
肚脐，头顶盘底，背靠圈
足，双手做抬盘状。腹饰
窃曲纹，圈足饰垂鳞纹，
盘底外部有棱形格纹。

铜方奁

春秋
通长 14.1、宽 10.8、高 7.3 厘米
2002 年枣庄市山亭区东江遗址 M3 出土
枣庄市博物馆藏

———————

长方体，顶部有两扇对开
的小盖，以对面的卧虎和
蹲兽为盖钮，四壁中部各
附一顾首向上伏兽，平
底，镂空圈足，正、背面
的足部两端饰半裸人。上
盖及四壁饰夔纹，底外部
有棱形格纹。

玉挖耳勺

春秋
通长 4.3、柄最宽处 0.9、厚 0.4 厘米
2002 年枣庄市山亭区东江遗址 M3 出土
枣庄市博物馆藏

————————

勺近圆形，内凹，圜底，
一侧有一柄，上宽下窄，
上端两侧各有两凹槽。加
工精细，磨制光滑。出土
时放置在铜方奁内。

玉玦

春秋
外径 2.5、内径 1、宽 0.8、厚 0.25 厘米。
2002 年枣庄市山亭区东江遗址 M3 出土
枣庄市博物馆藏。

————————

扁平环形，一侧有缺口。
通体磨光。

铜提链罐

春秋
口径 8.1、腹径 11.3、底径 8.5、高 7.9 厘米
2002 年枣庄市山亭区东江遗址 M3 出土
枣庄市博物馆藏

———————

平盖，斜折沿，与器母口
相扣，器矮直口，鼓腹，
平底，圈足。肩部有一对
称的半环形耳，衔提链
环，提链一侧有六个扭曲
"8"字形相衔，顶部用
一"8"字形环与两侧提
链相连。肩腹部饰蟠螭纹。

春秋战国之际，诸侯争霸，小国逐渐被大国所兼并，然而在鲁南地区的泗水流域却仍然是小国林立，包括莒国、薛国、滕国、邾国、小邾国等在内的小国被称为"泗上十二诸侯"。随着考古资料的发掘，涉及这些小国的器物多有发现，为我们更好地研究泗水流域诸侯国的生存状态、揭秘其小国林立的原因提供了契机。而枣庄市峄城区徐楼村所发现的一处古墓葬遗址为我们继续探秘"泗上十二诸侯"提供了新的资料。

古国探秘

一、浮出水面

2009 年 5 月，枣庄市徐楼村一建筑工地在施工过程中发现两座古墓葬，其中北面一座（M1）已被破坏，部分文物流失，南面一座（M2）已暴露出填土，经抢救性发掘，两座墓葬出土了一批精美的青铜器和陶器。两座墓葬形制相同，从出土器物铭文判断，两座墓为夫妻异穴合葬墓，墓葬年代为春秋中晚期。

宋公铜鼎

春秋
口径 32.8、腹径 34.8、腹深 12.4、通高 26 厘米
2009 年枣庄市峄城区徐楼 M1 出土
枣庄市博物馆藏

————————

平盖，折沿，盖面中心有一环钮。器
口微敛，方唇，口沿下有一周凸棱，
上腹部两侧附长方形耳，微外侈，耳
下部各有两个小圆柱与器身相连，浅
腹近直，圜底，中空三蹄足。盖面饰
两周蟠螭带，耳外侧饰"S"形纹，
腹部饰一周蟠螭纹带，下部有一周凸
弦纹。鼎盖面及腹内壁铸有相同铭文：
"有殷天乙唐（汤）孙宋公圈（固）
作滵叔子馈鼎其眉寿万年子子孙孙永
保用之"。

盖铭

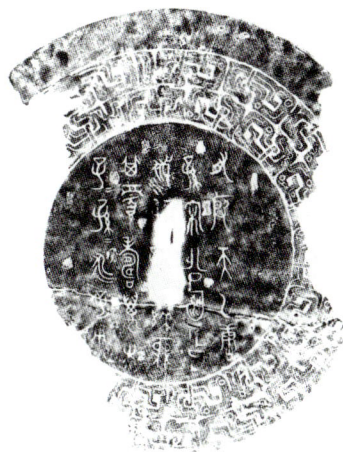

器铭

宋公铜鼎

春秋

口径 32.8、腹径 34.8、腹深 12.4、通高 26 厘米

2009 年枣庄市峄城区徐楼 M1 出土

枣庄市博物馆藏

平盖，折沿，盖面中心有一环钮。器口微敛，方唇，口沿下有一周凸棱，上腹部两侧附长方形耳，微外侈，耳下部各有两个小圆柱与器身相连，浅腹近直，圜底，中空三蹄足。盖面饰两周蟠螭带，耳外侧饰"S"形纹，腹部饰一周蟠螭纹带，下部有一周凸弦纹。鼎盖面及腹内壁铸有相同铭文："有殷天乙唐（汤）孙宋公圌（固）作渒叔子馐鼎其眉寿万年子子孙孙永保用之"。

大君有命　开国承家　小邾国历史文化展

宋公铜鼎

春秋
口径 32.8、腹径 34.8、腹深 12.4、通高 26 厘米
2009 年枣庄市峄城区徐楼 M1 出土
枣庄市博物馆藏

平盖，折沿，盖面中心有一环钮。器口微敛，方唇，口沿下有一周凸棱，上腹部两侧附长方形耳，微外侈，耳下部各有两个小圆柱与器身相连，浅腹近直，圜底，中空三蹄足。盖面饰两周蟠螭带，耳外侧饰"S"形纹，腹部饰一周蟠螭纹带，下部有一周凸弦纹。鼎盖面及腹内壁铸有相同铭文："有殷天乙唐（汤）孙宋公圓（固）作 淲叔子馐鼎其眉寿万年子子孙孙永保用之"。

宋公铜铺

春秋
口径 24、底径 22.4、足径 17.8、通高 24.6 厘米
2009 年枣庄市峄城区徐楼 M1:24 出土
枣庄市博物馆藏

————

覆钵形盖，盖顶置有八个
外卷的花瓣，口沿饰四个
对称的小钮与器口相扣。
器为平折沿，方唇，浅
盘，斜直腹，平底，下附
镂孔喇叭形足。盖顶花瓣
内饰镂空交龙纹，盖顶中
心饰七角星纹，外饰一周
交龙纹，盖顶外围及腹部
各饰一周交龙纹，柄、圈
足部饰长方形镂孔。盖内、
器内底铸有相同铭文"有
殷天乙唐（汤）孙宋公圉
（固）乍（作）濫叔子铄
铺其眉寿万年子子孙孙永
保用之"。

宋公铜铺

春秋
口径 24、底径 22.4、足径 17.8、
通高 24.6 厘米
2009 年枣庄市峄城区徐楼 M1 出土
枣庄市博物馆藏

复钵形盖，盖顶置 8 个外卷连瓣，盖沿饰四个对称小钮与器口相扣。器浅盘，
直口，平折沿，方唇，直腹，平底，粗柄喇叭形圈足。盖顶中心饰七角星纹，
周围花瓣为镂空交龙纹，盖缘和腹部各饰一周交体龙纹，柄、圈足部饰长方
形镂孔。盖内及盘底部均铸有同铭文："有殷天乙唐（汤）孙宋公圖（固）
乍（作）浅 叔子 𫗧铺其眉寿万年子子孙孙永保用之"。

余王铜鼎

春秋
口径 21、腹径 21.4、通高 17 厘米
2009 年枣庄市峄城区徐楼 M2 出土
枣庄市博物馆藏

———————

近方形小立耳，口微敛，窄平沿，圆唇，浅鼓腹，
圜底，三细高蹄足外撇。一耳饰绚索纹，另一耳经
修补，无纹饰。腹部饰蟠螭纹和三角夔纹，足根部
饰兽面纹。器壁内铸铭文："唯王正月之初吉丁亥
此余王□君作铸其小鼎□□永宝子孙无疆子子孙孙
永宝是尚"。

大君有命　开国承家　　小邾国历史文化展

铜鼎

春秋
口径 22.4、腹径 25.6、通高 28 厘米
2009 年枣庄市峄城区徐楼 M2 出土
枣庄市博物馆藏

平盖，盖面正中有一长方形立钮，周围平均分布三个曲尺形钮，盖口沿下折，口略外侈。器身为子口微内敛，方唇，长方形附耳微内倾，深弧腹，圜底近平，三蹄足较高。盖面外饰两周波曲纹，内饰一周卷体龙纹，立钮两端饰兽面，耳外侧饰蟠螭纹，腹上部饰一周蟠螭纹，中部有一周绚索纹，下饰一周三角纹。

铜浴缶

春秋
口径 28、腹径 38、底径 21.8、通高 33.6 厘米
2009 年枣庄市峄城区徐楼 M1 出土
枣庄市博物馆藏

侈口，宽折沿微内斜，方唇，直颈，广肩，深鼓腹弧内收，平底，三矮蹄足。肩部有四个对称二龙相衔龙耳，其中两耳为双龙首尾相衔，另两耳为下龙衔上龙尾，上龙回首一龙衔尾顾首獠牙外露，面目狞厉，肩部间饰四枚隆起的圆涡纹，涡纹中间饰圆目纹，外为交 S 形纹、重环纹各两周，腹上部饰两周绹索纹，间饰蟠螭纹，下腹饰八组桃形蟠螭纹。

大君有命　开国承家　　小邾国历史文化展

铜浴缶

春秋
口径 21、腹径 38、底径 21.8、通高 33.6 厘米
2009 年枣庄市峄城区徐楼 M1 出土
枣庄市博物馆藏

侈口，宽折沿微内斜，方唇，直颈，广肩，深鼓腹弧内收，平底。肩部有四个两两对称的附耳，其中两耳为双龙首尾相衔，另两耳为下龙衔上龙尾，上龙回首一龙衔尾顾首獠牙外露，面目狞厉，肩部间饰四枚隆起的圆涡纹，涡纹中间饰圆目纹，外为交 S 形纹、重环纹各两周，腹上部饰两周绚索纹，间饰蟠虺纹，下腹饰八组桃形蟠螭纹。

铜编钟

春秋
舞长 7、宽 5.2、于长 10.4、宽 6.2、通高 13.2 厘米
2009 年枣庄市峄城区徐楼 M1 出土
枣庄市博物馆藏

————

梯形钮，平舞，椭圆梯形
体，梯形钲，于口上弧，
铣部下阔。钮饰绳索纹，
舞部饰涡纹，两侧篆带各
饰三排九乳丁纹，篆、鼓
部饰蟠螭纹。

大君有命　开国承家　　小邾国历史文化展

铜编钟

春秋
舞长 9.8、宽 7.6、于长 12.6、宽 9、通高 19.6 厘米
2009 年枣庄市峄城区徐楼 M1 出土
枣庄市博物馆藏

————

梯形钮，平舞，椭圆梯形
体，梯形钲，于口上弧，
铣部下阔。钮饰绳索纹，
舞部饰涡纹，两侧篆带各
饰三排九乳丁纹，篆、鼓
部饰蟠螭纹。

铜编钟

春秋
舞长 7、宽 5.2、于长 10.4、宽 6.2、通高 13.2 厘米
2009 年枣庄市峄城区徐楼 M1 出土
枣庄市博物馆藏

————————

梯形钮，平舞，椭圆梯形
体，梯形钲，于口上弧，
铣部下阔。钮饰绳索纹，
舞部饰涡纹，两侧篆带各
饰三排九乳丁纹，篆、鼓
部饰蟠螭纹。

铜镈钟

春秋
舞长 12.4、宽 9、残高 12.8 厘米
2009 年枣庄市峄城区徐楼 M1 出土
枣庄市博物馆藏

————————

缺失严重。镂空蟠螭形钮，平舞，椭圆梯形体，下
部缺失。长方形于口上弧，铣部下阔。钮饰绳索纹，
舞面饰涡纹，篆、鼓部饰乳丁纹和蟠螭纹。

鄬子妆铜戈

春秋
通长 29、援宽 3.8 厘米
2009 年枣庄市峄城区徐楼 M2 出土
枣庄市博物馆藏

———————

三角形锋，平援上扬，长
胡，阑内侧有三个长方形
穿，长方形内，上有一长
方形穿，末端抹角，下有
缺口。内饰双线勾边纹，
胡部铸有"鄬子妆之用"。

二、迷雾重重

枣庄市徐楼东周墓葬出土文物非常丰富，为研究山东地区周代古国历史与文化增添了新的重要资料，多位专家学者对所出青铜器铭文都做了深入解读，但关于墓葬国属问题还是众说纷纭，莫衷一是，目前有费国说、滥国说和邳国说这三种观点，我们也期待能早日拨开迷雾见晴天。

滰公铜鼎

春秋
口径 24.3、腹径 23.5、通高 20.7 厘米
2009 年枣庄市峄城区徐楼 M2 出土
枣庄市博物馆藏

————

立耳外侈，口微敛，窄平折沿，方
唇，浅弧腹，圜底，三高蹄足外撇。
耳外饰蟠螭纹，上腹饰蟠螭纹和三
角纹带，三角纹内饰相对夔纹，足
上部饰兽面纹。器壁内铸铭文："唯
正月初吉日丁亥滰公宜脂余其良
金用铸其□宜鼎"。

铜盒

春秋
口径 4、上层腹径 7.2、下层腹径 8.6、
圈足径 6.4、通高 6.6 厘米
2009 年枣庄市峄城区徐楼 M1 出土
枣庄市博物馆藏

————

盖顶隆起中间有尖，沿下
折，与器口相扣，器侈口，
方唇，双扁腹，上腹肩部
各有一圆形小系，一系缺
失。平底，矮圈足外撇。
盖顶和双腹部饰密集的纹
乳钉。

铜盒

春秋
口径 4.4、上层腹径 7.6、下层腹径 8.6、
底径 6.4、圈足径 6.6、通高 6.8 厘米
2009 年枣庄市峄城区徐楼 M1 出土
枣庄市博物馆藏

————

盖顶隆起中间有尖，沿下
折，与器口相扣，器侈口，
方唇，双扁腹，平底，矮
足外撇。盖顶和双腹部饰
密集的格纹间乳钉。

铜提链罐

春秋
口径 5.2、腹径 7.4、底径 4.8、高 8、
提链高 20 厘米
2009 年枣庄市峄城区徐楼 M1 出土
枣庄市博物馆藏

平盖，中间立一展翅欲飞的鸟，两侧各有一半环形钮，钮内各衔一环，盖底部周围内凹，中间凸起与器口相扣。器侈口，圆唇，短束颈，溜肩，扁鼓腹，平底。腹上部有一对称的环形系衔提链环，提链环穿入盖的衔环中。提链两侧各有十个对称的环与上部一环相衔，顶部环上有一可转动的钮衔提链上部的环，使提链可以来回转动。

铜附鸟罍形器

春秋
最大径 12.8、底径 5.8、通高 12.8 厘米
2009 年枣庄市峄城区徐楼 M1 出土
枣庄市博物馆藏

————

圆形，内空，顶中部立一
展翅欲飞的鸟，溜肩，腹
内收，平底。顶部鸟身与
器底中部有一对称的圆
孔。肩及腹部饰涡纹带。

大君有命　开国承家　　小邾国历史文化展

铜舟

春秋
口长 16.8、宽 14.6，腹深 6.6、通高 8.4 厘米
2009 年枣庄市峄城区徐楼 M1 出土
枣庄市博物馆藏

椭圆形，口微敛，尖圆唇，浅腹，上腹近直，下腹
缓收，平底。两长边的腹部各有一兽首形环耳。器
壁较薄，为锻制而成，做工精细。腹壁内及底部饰
有交龙纹，底部中饰二蟾蜍等纹。

铜簠

春秋
口长 29.2、宽 22.8、底长 15.6、宽 10.8、
足长 22.6、宽 17.8、通高 21.4 厘米
2009 年枣庄市峄城区徐楼 M1 出土
枣庄市博物馆藏

———————

盖、器形制近同，长方形，
直口，平折沿，方唇，折
腹，上腹较直，下腹斜直
内收，腹两端对置有兽首
形半环耳，平底，曲尺形
方足外撇，四面中部有一
凸形缺口。盖顶及腹下部
饰交体龙纹，腹上部饰三
角云雷纹，足饰夔龙纹。

大君有命　开国承家　　小邾国历史文化展

铜簠

春秋
口长 29.3、宽 22.9、底长 15.6、宽 10.8、
足长 22.6、宽 17.8、通高 21.4 厘米
2009 年枣庄市峄城区徐楼 M1 出土
枣庄市博物馆藏

———————

盖、器形制近同，长方形，
直口，平折沿，方唇，折
腹斜直内收，腹两端对置
有兽首形半环耳，平底，
曲尺形方足外撇，四面中
部有一凸形缺口。盖顶及
腹下部饰交体龙纹，腹上
部饰三角云雷纹，足饰夔
龙纹。

铜簠

春秋
口长 29.2、宽 22.7、底长 15.6、宽 10.8、
足长 22.6、宽 17.8、通高 21.4 厘米
2009 年枣庄市峄城区徐楼 M1 出土
枣庄市博物馆藏

————————

盖、器形制近同，长方形，
直口，平折沿，方唇，折
腹斜直内收，腹两端对置
有兽首形半环耳，平底，
曲尺形方足外撇，四面中
部有一凸形缺口。盖顶及
腹下部饰交体龙纹，腹上
部饰三角云雷纹，足饰夔
龙纹。

大君有命　开国承家　　小邾国历史文化展

铜盘

春秋
口径 37.7、腹径 36.4、通高 9.6 厘米
2009 年枣庄市峄城区徐楼 M2 出土
枣庄市博物馆藏

————————

平折沿，方唇，浅弧腹，
腹中部有一对称耳，平底，
三矮蹄足。耳上面饰兽面
纹，腹部饰两周镶嵌红铜
菱形纹，底部饰镶嵌红铜
菱形纹，周围饰镶嵌红铜
瑞兽纹。

铜盘

春秋
口径 44、腹径 43.2、腹深 7.2、通高 12.8 厘米
2009 年枣庄市峄城区徐楼 M1 出土
枣庄市博物馆藏

———————

平折沿，方唇，浅盘，上
腹近直，下腹缓收，腹部
两侧有近长方形附耳折
曲，平底略内凹，下有三
蹄形肥硕矮足。耳饰兽面
纹，腹及底部饰镶嵌红铜
菱形纹。

铜匜

春秋
通长 33.4、宽 19.2、通高 11.8 厘米
2009 年枣庄市峄城区徐楼 M1 出土
枣庄市博物馆藏

———————

椭圆形，口微敛，方唇，兽首管
状流，沿两侧中部有对称外凸的
折曲凹槽，浅腹，后附一兽首鋬，
圜底，三蹄形足。腹及底饰镶嵌
红铜菱形纹。

铜匜

春秋

通长 26.4、宽 14、通高 10.6 厘米

2009 年枣庄市峄城区徐楼 M2 出土

枣庄市博物馆藏

———————

椭圆形，半筒状流，口微
敛，上腹近直，圜底，下
附四环形足。尾部有兽面
环形鋬。流口及鋬手上饰
兽面纹，腹部饰镶嵌红铜
瑞兽纹，底部饰镶嵌红铜
菱形纹。

铜敦

春秋
口径 25.6、腹径 25.6、底径 13.8、通高 14.6 厘米
2009 年枣庄市峄城区徐楼 M1 出土
枣庄市博物馆藏。

———————————

盖、器扣合近椭圆形。弧形盖，盖顶置喇叭形捉手，口沿有三小钮与器口相扣。器侈口，平沿，圆唇，束颈，斜腹弧内收，平底。上腹部有一对称的三棱形环钮。捉手沿面饰一周镶嵌红铜的齿状纹，底部饰镶嵌红铜的涡纹，盖面周围各饰一周镶嵌红铜齿状纹和一周瑞兽纹。器腹上部饰一周镶嵌红铜的瑞兽纹，下饰两周镶嵌红铜的齿状纹。

铜敦

春秋
口径 25.6、腹径 25.6、底径 13.8、通高 14.6 厘米
2009 年枣庄市峄城区徐楼 M1 出土
枣庄市博物馆藏

盖、器扣合近椭圆形。弧形盖，盖顶置喇叭形捉手，口沿有三个小钮与器口相扣。器侈口，平沿，圆唇，束颈，斜腹弧内收，平底。腹上部有一对称的三棱形环钮。捉手沿面饰一周镶嵌红铜的齿状纹，底部饰镶嵌红铜的涡纹，盖面周围各饰一周镶嵌红铜的齿状纹和瑞兽纹，腹上部饰一周镶嵌红铜的瑞兽纹，下饰两周镶嵌红铜的齿状纹。

大君有命　开国承家　　小邾国历史文化展

铜舟

春秋
口长 18.6、宽 13.8、通高 9.6 厘米
2009 年枣庄市峄城区徐楼 M2 出土
枣庄市博物馆藏

———————

椭圆形。弧形盖，中央有
一环钮。子母口，器口微
侈，圆唇，鼓腹，一侧有
一环形錾，平底微内凹。
腹部饰镶嵌红铜的禽兽纹
和菱形纹。

铜勺

春秋
勺长 12、宽 9.6、銎口直径 2、深 4 厘米
2009 年枣庄市峄城区徐楼 M2 出土
枣庄市博物馆藏

————————

呈椭圆形，敞口，浅腹，
圜底，一侧有一椭圆形内
空柄，上部有一对穿圆孔。

铜杖首

春秋
长 16、柄径 2.4、通高 8.4 厘米
2009 年枣庄市峄城区徐楼 M2 出土
枣庄市博物馆藏

————————

兽首，前端呈斧形，双面
直刃，后端为八棱柱状，
圆筒形柄，柄中部有一对
穿圆孔，柄下部有一周凸
棱，上饰绚纹。

铜剑

春秋
通长 24.4、茎宽 1.8、身宽 3.2 厘米
2009 年枣庄市峄城区徐楼 M2 出土
枣庄市博物馆藏

———————

三角锋，中部有脊，两侧
有槽，双刃，短扁茎，末
端中部有一对穿圆孔。

大君有命　开国承家　　小邾国历史文化展

铜剑

春秋
通长 26.4、茎长 2、身宽 3.4 厘米
2009 年枣庄市峄城区徐楼 M2 出土
枣庄市博物馆藏

————————

三角锋，中间有脊，双刃，
长方形短茎。

铜剑

春秋
通长 36.4、茎长 6.4、身宽 3.8 厘米
2009 年枣庄市峄城区徐楼 M2 出土
枣庄市博物馆藏

————————

三角锋，中间有脊，双刃，
菱形格，扁圆形短茎。

铜戈

春秋
通长 21.4、援宽 3.6 厘米
2009 年枣庄市峄城区徐楼 M2 出土
枣庄市博物馆藏

————————

三角形锋，直援中有脊，
长胡，下端平直，阑内侧
有长方形穿。

铜矛

春秋
通高 11、叶宽 2.4、骹口长 2.6、宽 1.4 厘米
2009 年枣庄市峄城区徐楼 M2 出土
枣庄市博物馆藏

———————

呈叶状，三角形锋，中间
有脊，两侧有槽，双狭刃
均匀，椭圆形骹。骹面饰
兽面纹。

大君有命　开国承家　　小邾国历史文化展

铜矛

春秋
通高 10.8、叶宽 2.2、骹口直径 1.6 厘米
2009 年枣庄市峄城区徐楼 M2 出土
枣庄市博物馆藏

呈叶状，三角形锋，中部
隆起有脊，弧形刃，圆形
骹较长，下粗上细至矛身。

铜镞

春秋
通长 8.4、宽 2.4 厘米
2009 年枣庄市峄城区徐楼 M2 出土
枣庄市博物馆藏

———

双翼下端残。三角形锋，
中部起脊，刃锋利，短关，
圆锥铤。

　　　大君有命　开国承家　　　小邾国历史文化展

铜镞

春秋
通长 13.4、直径 3 厘米
2009 年枣庄市峄城区徐楼 M2 出土
枣庄市博物馆藏

————————

器上部呈桃形，短关，圆
锥铤。

铜镞

春秋
残长 13、锋部边长 0.6、下部直径 2.8 厘米
2009 年枣庄市峄城区徐楼 M2 出土
枣庄市博物馆藏

————

锋部呈方形，下为喇叭形，

粗关，圆锥铤。

大君有命　开国承家　小邾国历史文化展

铜斧

春秋
高 12、銎口内长 8.4、宽 2.4、深 9.6、刃宽 10.4 厘米
2009 年枣庄市峄城区徐楼 M2 出土
枣庄市博物馆藏

————

近梯形，两边内弧，上部
有长方形銎口，两面中间
有缺口，侧视呈"V"形，
双面直刃两角上弧，偏上
部中间有一对穿圆孔。

铜锛

春秋
高 12.8，銎口长 4.4、宽 2.6，深 7.8 厘米
2009 年枣庄市峄城区徐楼 M2 出土
枣庄市博物馆藏

————

近长方形，两边微内弧，
上部有长方形銎，侧视呈
"V"形，外有一周宽带
状凸棱，单面刃微弧，一
角缺失，上部中间有一对
穿圆孔。

铜锛

春秋
高 10.6，宽 3.8，銎口长 3.4、宽 1.4、深 5.8 厘米
2009 年枣庄市峄城区徐楼 M2 出土
枣庄市博物馆藏

————

近梯形，两边内弧，上部
有长方形銎口，侧视呈
"V"形，单面弧刃，上
部中间有一对穿圆孔。

铜锛

春秋
高 7.4、宽 2.8、銎口长 2.2、宽 1.4、深 3.8 厘米
2009 年枣庄市峄城区徐楼 M2 出土
枣庄市博物馆藏

———————

近长方形，两边内弧，上
部有长方形銎口，侧视呈
"V"形，单面直刃，上
部中间有一对穿圆孔。

大君有命　开国承家　　小邾国历史文化展

铜凿

春秋
高 13.4、銎口宽 1.8、深 6.2、刃宽 1.4 厘米
2009 年枣庄市峄城区徐楼 M2 出土
枣庄市博物馆藏

———————

梯形，上部有长方形銎口，
侧视呈"V"形，单面直刃。

铜锯

春秋
残长 21.2、宽 5.4、厚 0.2 厘米
2009 年枣庄市峄城区徐楼 M2 出土
枣庄市博物馆藏

————————

部分缺失。片状，下有波
曲状齿，上部有固定柄的
圆孔。

铜铴

春秋
柄残长 7.6、直径 1.8～2.2、刃残长 8 厘米
2009 年枣庄市峄城区徐楼 M2 出土
枣庄市博物馆藏

———

弯月形，前端残，弓背，
内弧刃，呈锯齿状，末端
有圆形柄，上细下粗，顶
部有一半圆形钮，中部有
一对穿圆孔。

铜殳首

春秋
高 3.9、首径 0.8～1.2、柄径 0.8、口径 1.1 厘米
2009 年枣庄市峄城区徐楼 M2 出土
枣庄市博物馆藏

———————

平顶，六棱锋体，圆柄内
空，沿部有一周凸棱。沿
凸棱部饰波曲纹。

　　　大君有命　开国承家　　　小邾国历史文化展

铜镦

春秋
长 3.2、宽 2.6、高 5 厘米
2009 年枣庄市峄城区徐楼 M2 出土
枣庄市博物馆藏

———————

近椭圆形，两侧呈弧形，
上端有一对穿圆孔，两端
较直，平底。下部饰三角
纹，上饰窃曲纹。

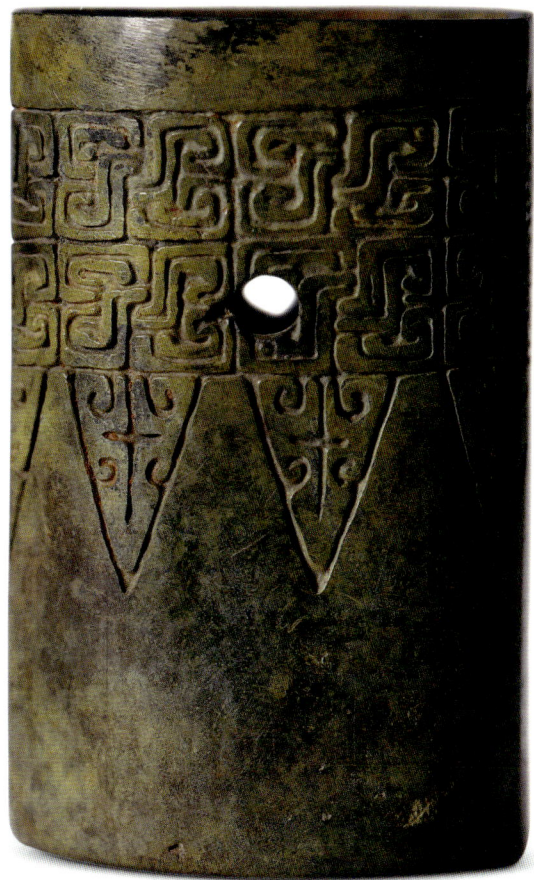

铜镦

春秋
口径 2.6、底径 2.2、高 6 厘米
2009 年枣庄市峄城区徐楼 M2 出土
枣庄市博物馆藏

———————

圆筒状，上大下小，齿状
口，平底。

铜镦

春秋
直径 2.2、高 9.6 厘米
2009 年枣庄市峄城区徐楼 M2 出土
枣庄市博物馆藏

———————

圆筒形，口呈齿状，圈底，
四爪形足。中部有一对穿
圆孔。

铜镦

春秋
口径 2.3、底径 2、足宽 9.2、高 13 厘米
2009 年枣庄市峄城区徐楼 M2 出土
枣庄市博物馆藏

————————

上部为圆筒形，上大下小，
齿状口，圜底，半环形足。
一侧铸有一条头朝下弯曲
的龙纹。

　　　大君有命　开国承家　　　小邾国历史文化展

铜軎

春秋
通长 7.8、直径 4.4 ～ 8、辖孔长 1.8、宽 1 厘米
2009 年枣庄市峄城区徐楼 M1 出土
枣庄市博物馆藏

———————

器倒梯形，十二棱，筒状，
外端细，封口，毂端有宽
折沿，近缘处有长方形对
穿辖孔。

铜节约

春秋
长、宽均为 2.4、孔径 1.1 厘米
2009 年枣庄市峄城区徐楼 M1 出土
枣庄市博物馆藏

形制、大小相同。器呈"十"
字形，内空，背面有一圆
孔。正面饰蝉纹。

大君有命　开国承家　　小邾国历史文化展

铜軎

春秋
通长 4.4、直径 5.2 ～ 8.8、辖孔长 2.5、宽 1.2 厘米
2009 年枣庄市峄城区徐楼 M1 出土
枣庄市博物馆藏

———

形制、大小相同。圆筒
形，两端相通，毂端有折
沿，近缘处有对称长方形
穿孔。

铜衔

春秋
通长 26 厘米
2009 年枣庄市峄城区徐楼 M1 出土
枣庄市博物馆藏
——————

形制、大小相同。扁圆体，
由两节构成，一节的一端
有一大环，另一端有小环，
两端的小环相衔。

铜镳

春秋
通长 19 厘米
2009 年枣庄市峄城区徐楼 M1 出土
枣庄市博物馆藏

———————

形制、大小相同。体呈弓
形，弧面，背面较平，面
中部有两个桥形系孔。

铜管络饰

春秋
两端口径 0.7、腹径 0.8、高 0.7 厘米
2009 年枣庄市峄城区徐楼 M1 出土
枣庄市博物馆藏

———————

形制、大小相同。筒状，

敛口，鼓腹。

　　　　大君有命　开国承家　　　小邾国历史文化展

铜环

春秋
直径 3.5、横截面 0.5～0.55 厘米
2009 年枣庄市峄城区徐楼 M2 出土
枣庄市博物馆藏

————————

圆形，环状，横截面椭
圆形。

铜盖弓帽

春秋
口径 0.9、长 8.6 厘米
2009 年枣庄市峄城区徐楼 M1 出土
枣庄市博物馆藏

————————

圆形，锥状，薄壁，内空。

铜合页

春秋
长 6.6、宽 3.4 厘米
2009 年枣庄市峄城区徐楼 M2 出土
枣庄市博物馆藏

———————

由两个长方形页和轴钮构
成。轴钮衔一环，页面上
下有四个对穿圆孔，两页
可以上下活动。

春秋
长 6.6、宽 3.4 厘米
2009 年枣庄市峄城区徐楼 M2 出土

铜锁

春秋
长 6.6、宽 5.4、厚 0.6～2.4、通高 15 厘米
2009 年枣庄市峄城区徐楼 M2 出土
枣庄市博物馆藏

由连接在一起的四个圆管和两个穿插于左右两侧管中的锁键组成。锁具正中上、下有竖向镂孔圆管与中间一横向镂孔圆管和左右四圆管相连，环首圆轴形锁键贯穿于两侧圆管中。两侧四个圆管各饰一龙首，龙尾相交组成竖圆管中部圆孔，中部圆管上、下两面均饰镂空兽面纹，左右各有一弯曲的小龙。

铜軎

春秋
通长 4、直径 5.4～8.4、辖孔长 2.6、宽 0.8～1 厘米
2009 年枣庄市峄城区徐楼 M2 出土
枣庄市博物馆藏

———

大小、形制相同。圆筒形，两端相通，外端口沿有一
周凸棱，毂端有折沿，近沿处有梯形对穿辖孔。

大君有命 开国承家   小邾国历史文化展

铜軎

春秋
通长 7.8、直径 4.4 ～ 8、辖孔长 2.4、宽 1 厘米
2009 年枣庄市峄城区徐楼 M2 出土
枣庄市博物馆藏

大小、形制相同。器呈
十二棱筒形，外封口，毂
端有折沿，近沿处有长方
形辖孔。

铜镳

春秋
长 19.6、宽 1 ～ 1.4、厚 0.55 ～ 0.7 厘米
2009 年枣庄市峄城区徐楼 M2 出土
枣庄市博物馆藏

———————

大小、形制基本相同。器
身呈弧形，正面微弧，背
面较平，中部有两个半圆
形系孔。

大君有命　开国承家　　小邾国历史文化展

铜镳

春秋
长 19.6、宽 1 ～ 1.4、厚 0.55 ～ 0.7 厘米
2009 年枣庄市峄城区徐楼 M2 出土
枣庄市博物馆藏

———————

大小、形制基本相同。器
身呈弧形，正面微弧，背
面较平，中部有两个半圆
形系孔。

铜衔

春秋
通长 23 厘米
2009 年枣庄市峄城区徐楼 M2 出土
枣庄市博物馆藏

———

为长棒形，二棒间有小环
相套，另一端为大环，环
均为椭圆形。

大君有命　开国承家　　小邾国历史文化展

铜车盖斗

春秋
直径 7.6、柄径 3、口径 3.2 厘米
2009 年枣庄市峄城区徐楼 M2 出土
枣庄市博物馆藏

———

为伞形，圆形盖斗，上置
十二个盖弓，盖弓下面各有
三角形凹槽，圆柄内空，口
沿外有一周半圆形凸棱，近
沿处有一对穿圆孔。

铜盖弓帽

春秋
銎口直径 0.8、环径 1.1 厘米
2009 年枣庄市峄城区徐楼 M2 出土
枣庄市博物馆藏

———

器呈 "9" 字形，圆体，
上细下粗，内空。

结语

随着枣庄东江小邾国墓地的发掘，引发了小邾国文化研究的一个高潮，并取得了一定的成果，但关于小邾国的历史，还有很多亟待研究的地方，我们期待以此次展览为契机再一次掀起小邾国文化研究的高潮，推动对枣庄徐楼墓地的深入研究，为山东地区古国研究带来新的契机。此次展览并不是结束，我们还将继续推出更多的古国系列展览，敬请期待！